Viversi Edizione – Gruppo Editoriale WritersEditor

Madre Stefania Motta

Viversi Edizione è un marchio del

Gruppo Editoriale WritersEditor.

www.gruppowriterseditor.it

direzione@gruppowriterseditor.it

Copyright©ViversiEdizioni2023

Questa opera in versi è una storia vera, fatta di gioia, solitudine, dolore, speranza e rinascita.
Questa è la mia storia e la sto consegnando a te confidando di poter arrivare proprio lì.
Al centro del tuo cuore.
E non spaventarti se sentirai la durezza delle mie parole.
Affrontale con coraggio.
E non preoccuparti se dovessi sentirti triste, piangi con me.
Non sei da solo.
Magari sentirai tenerezza, abbracciati forte.
Te lo meriti.
E ricorda che io sono qui accanto a te sempre.
E sto bene.
E stiamo bene ora.

Buon viaggio.

Ho imparato
in un giorno di vento
che il male ricevuto
mi ha resa migliore
Ho imparato che
nella tempesta
puoi trovare la forza
di perdonare te stessa

Stefania Motta

A Edoardo,
che mi ha insegnato l'amore

Gioia e Solitudine

Nel silenzio

assordante

di questa casa

improvvisamente

un vagito

il tuo.

Quando sei nato tu

È nata una madre

Quando sei nato tu

Sono rinata

anche io

Di giorni di solitudine

e di silenzi assordanti

Di ore passate

tra le pieghe

delle tue risate

e dei tuoi pianti

Quanto può sentirsi

sola una madre?

Eppure, da quando

ci sei

io sono cambiata

Tutto è in

continuo divenire

Tutto è una

nuova scoperta

E mentre tu cresci

io cresco con te.

Piccoli piedi

di zucchero filato

Occhi di azzurro

cielo d'estate

E un sorriso luminoso

quando mi guardi

E tutte le fatiche

Scompaiono.

Insegnami l'arte

di poter essere felice

con poco

Come quando mi

guardi e i tuoi

occhi s'illuminano

d'amore.

Sto imparando da te

cosa significa

meraviglia

Delle piccole cose

Della prima risata

Di te che sei

la mia meraviglia.

Ricordati sempre

che io

Ti amo.

La prima carezza

tra i miei capelli

E i brividi

sulla mia pelle

Nel sentire l'amore

che provi per me.

Dolore

Ti proteggerò

mio piccolo cuore

Da questo mondo

senza valore

E avrai il futuro

che meriti

Perché tu sei

l'amore.

Tu piangi

nel sentire

il dolore di

tua madre

quando tuo

padre le sta

spezzando

il cuore.

Ti tengo tra

le mie braccia

anche tutta

la notte

Per farti sentire

al sicuro

da questo destino

crudele.

Io sono per te

E tu sei per me

Da ora in poi

Saremo soli

Io e te.

Ti farò da madre

e da padre

Perché lui

probabilmente non

mi ha mai amata

Neanche quando

aspettavo te

Ma non importa

perché colmerò

la sua assenza

con la mia presenza.

Ti insegnerò

che l'amore

non passa

Ti insegnerò

ad amare forte

A credere che

non tutto è perduto

Ad amare te stesso

per amare gli altri.

Tu sei nato dal

mio amore

per tuo padre

che ci ha lasciati

andare in un

giorno qualunque

di un dicembre lontano

Ma non ti preoccupare

perché tu, amore mio,

amerai il Natale.

Tu mi stai insegnando

la carità

il perdono

e la pietà

Verso coloro

che mi fanno

del male

Tu mi stai insegnando

a lasciar andare.

Ti proteggerò

da ogni dolore

E nel tuo dolore

ti conforterò

E quando un

giorno chiederai

il perché

Ti risponderò che

sei nato dal mio

amore.

Nella speranza

che tu un giorno

ci possa perdonare

Perdonami amore

per non aver

capito prima

Perdona tuo padre

per il suo egoismo.

Ti prometto

piccolo mio

che ti insegnerò

l'amore

e che la verità

è l'unica cosa che

ci rende liberi.

Come fai così

piccolino a

capire le lacrime

di tua madre?

Di quel momento

che hai detto la

tua prima parola

Che miracolo

La vita.

I tuoi occhi blu

dentro i mei

mi guardano

come a voler

accarezzarmi

l’anima.

Un giorno

vivremo

al mare

Un giorno

ci affacceremo da

quella finestra

e contempleremo

il tramonto

Insieme.

Farò di tutto

per vedere

realizzare i tuoi

sogni

Perché tu

nascendo

hai realizzato

il mio.

Magari sei

proprio tu

l’amore che

stavo aspettando

da tutta

la vita.

La tua prima parola

Papà.

Tu mi hai resa

la donna che

ho sempre voluto

diventare

Tu mi hai resa

una roccia.

Ti insegnerò

a camminare

a testa alta

Figlio mio

Perché non

avrai mai nulla

di cui vergognarti.

Sono una madre ora

e il mio dovere

è prendermi cura

della tua felicità.

Perdonami mio

piccolo cuore

se a volte

ho fatto

un errore

Ho un senso

di colpa che

non puoi capire

Per non averti

saputo dare

la famiglia

che meritavi

E per questo

continuo a

soffrire.

Speranza e rinascita

L'uomo che diventerai

saprà sfiorare

l'anima di una donna

saprà trattarla con

amore e rispetto

L'uomo che diventerai

sarà cresciuto da

una madre.

Di giorno ti sorrido

Nel silenzio della

notte piango

Per i miei peccati

Per i suoi peccati

Per chi eravamo

Per chi siamo diventati.

Sei un bambino

stupendo

sensibile

delicato

Per questo

meriti che il

mondo intero

ti sorrida

Meriti di vivere

senza dolore

Tu meriti solo

l'amore.

Figlio mio

non ti dirò

mai che i

mostri non

esistono

Ma ti insegnerò

come affrontarli.

Delle tue

prime volte

Delle tue

prime scoperte

Del tuo

primo giorno

E del tuo

primo anno

Io ci sono

Sempre.

Quello che per

lui era un sacrificio

Per me è

immenso amore.

Tu hai fatto

in modo che

io credessi

nuovamente

in Dio.

Finché crescerai

ti farò da scudo

Finché lo vorrai

ti porterò per mano.

Abbracciami

forte

mamma

Sempre

figlio mio.

E camminerò

sempre

Un passo

dietro di te.

Ti insegnerò

ad essere

un uomo libero

Ti insegnerò

a rispettare

te stesso

Perché finalmente

lo sto imparando

anche io.

Sai cosa siamo

io e te?

Famiglia.

Per quanto tempo

hai cercato di

farmi sentire

sbagliata?

E per quanto tempo

ho scambiato

la manipolazione

per amore?

Non permetterò

che tu lo faccia col

mio bambino

Perché sono sua

madre

e ora sono

più forte.

Proteggerò la tua

innocenza

Per farti vivere

la tua infanzia

con spensieratezza.

Figlio mio

combatteremo

Insieme

Come due

invincibili

supereroi.

Sorridi sempre

piccolino

perché la vita

è un viaggio

meraviglioso.

E non lascerò

che la cattiveria

ti prenda

E non lascerò

che la vita

ti sconfigga

Io combatterò

per te

E ti mostrerò

la strada

della gioia.

E a te mio caro Edoardo

spero di averti dato tutto quello

che ti ho promesso in queste

pagine.

Spero di averti trasmesso la

speranza e la verità.

Spero che tu sia diventato una

persona buona e felice.

E spero che tu possa custodire il

mio ricordo sempre nel cuore.

la tua mamma.

RINGRAZIAMENTI

Ringrazio il Gruppo Editoriale WritersEditor, l'editore e il suo staff, per aver dato alla luce la mia opera.

Viversi
EDIZIONE

www.ingramcontent.com/pod-product-compliance
Lightning Source LLC
LaVergne TN
LVHW010504160826
845677LV00012B/2648

* 9 7 8 8 8 3 1 9 6 2 6 1 2 *